Stimmen

Für alle Menschen, die (wie) wir lieben ……

Cordelia van Dyke

Stimmen

Pathos und Poetik

Bibliografische Information der Deutschen Nationalbibliothek:
Die Deutsche Nationalbibliothek verzeichnet diese Publikation in der Deutschen Nationalbibliografie; detaillierte bibliografische Daten sind im Internet über http://dnb.dnb.de abrufbar.

© 2016 Cordelia van Dyke

Illustration: Cordelia van Dyke

Kontakt: Cordelia.vanDyke@gmail.com

Herstellung und Verlag:
BoD – Books on Demand, Norderstedt

ISBN: 978-3-7412-2277-1

Inhaltsverzeichnis

einsamkeit 7

nur ein winziger moment 8

es war dein name 9

exodus 10

es ist etwas geschehen 12

abschied 14

auf dem weg zu dir (I) 15

auf dem weg zu dir (II) 16

heute (I) 18

nähe 20

bevor wir uns trafen 21

dein name 22

meine erinnerung 23

unter allen sternen 24

wir 25

ich weine 26

allein 28

du 29

nur du 30

leben 31

du warst da 32

für ihn 34

eines tages 36

einmal 37

für einen freund 38

halt mich 39

heute (II) 40

der letzte tag 42

ich suche 43

ich weiß es 44

wenn sie bei uns sind 45

heute nacht 46

ich weiß es nun 48

wenn sie bei uns sind 49

wo du bist 50

wie wir sind 51

die eine zeit 52

Cordelia van Dyke: Stimmen

einsamkeit

mein wunsch

dein bildnis zu schaun

weckt sehnsüchte

nach längst vergangenen zeiten

nach dir

läßt mich rufen

und die erinnerung

will nicht vergehen

an diesem spätsommerabend

in diesem land

ist einsamkeit

Cordelia van Dyke: Stimmen

nur ein winziger moment

auf dem weg zu dir
will ich stehen und verweilen
zögernd und doch suchend
nach deinem blick

und ganz zärtlich umfasstest du
mein gesicht
und dein lächeln war nicht müde
denn beständig und hell

und deine augen fragten leise
doch sie wussten es schon längst
als du dann auf einmal fortgingst
war der tag unendlich kühl

und die melodien auf dem piano
verhallten leise ungehört
denn mein flüstern wog viel lauter
obschon es flüchtig war, verstohlen

und ich weiß, wann wir uns sehen
werden wir gemeinsam schreiten
werde dich doch nicht erreichen
werde nicht die pause stör'n

sondern hoffend und erwartend
auf den sommer still vergeh'n
werde rufen in gedanken
deinen namen, dein gesicht

Cordelia van Dyke: Stimmen

es war dein name

es war dein name
der uns kraft gab
der uns wissen vermittelt'
der uns antworten speisend
ernährte mit basis und überbau

es waren deine augen
die uns trost spendeten
die uns stärke verliehen
die uns mit liebe umhüllend
entrückten zu träumen und phantasie

es waren deine worte
die uns glauben schenkten
die uns weisheit lehrten
die uns mit sehnsucht erfüllend
entführten zu lyrik und poesie

es sind deine hände
die wir nun halten
deine hoffnung erfüllend
dein verständnis erwirkend
und dir sicherheit gebend

nun sind wir da
sind bei dir und weinen
weil du uns nicht mehr hörst
weil du uns nicht mehr siehst
aber wir durch dich leben

Cordelia van Dyke: Stimmen

exodus

ich lasse nicht zu
dass andere kommen
und einfallen werden
in mein haus

das du errichtet
das wir gemeinsam
stützend gebaut
auf der illusion

einer verlorenen zeit
die nicht mehr ist
die wohl nie war
doch wir bemerkten

es nicht, wir wollten
uns nur zurückzieh'n
in jene welt
die über uns ist

weil dort nur platz
für uns beide war
und du mich aufnahmst
in dieses schloss

der lüfte der welt
der imagination
der träume und sehnsucht
der vielfalt der ideen

Cordelia van Dyke: Stimmen

so bitte ich dich
erhalte dies haus
aus dem man uns langsam
vertreiben will

ich lasse nicht zu
dass dies zerfällt
denn du bist wie ich
warte auf mich ...

ich werde wiederkommen
und bis dahin
neue träume sammeln
für ein zweites fundament

Cordelia van Dyke: Stimmen

es ist etwas geschehen

was ist geschehen
liebster
dass du
nicht mehr kommst
zu uns, die wir
dich schätzen
wie du bist, die wir
dich stützen
nach allen kräften
die wir dich doch
beschützen
vor jener zeit
die längst
vergangen

was ist geschehen
liebster
dass du
nicht mehr weißt
wie wir einstmals
schritten und lachten
auf der terrasse
deiner träume
die unser haus
gebaut und die
wir uns bewahrt
durch alle zeit

Cordelia van Dyke: Stimmen

wo bist du
liebster
wo bist du
nur
wo gehst du
hin
allein
und
ohne uns

Cordelia van Dyke: Stimmen

abschied

unendliche traurigkeit
schmerzen
die das gebrochene herz
tränen fließen lassen
tränen
so weich und zart
so sanft und kühl auf der haut
und doch salzig und brennend

sinnloses leiden
verschwenden
aufgeben vielleicht
doch fühlen
das zerbersten der träume
das einsame hoffen
und doch nicht
allein

Cordelia van Dyke: Stimmen

auf dem weg zu dir (I)

*auf dem weg zu dir
der steinig ist zwar
und doch keine hürden
sondern hilfe anlegt*

*begegnen wir stumm
vielen menschen, die fragen
und was uns verbindet
ist nicht nur der tag*

*und hoffnungserfüllt
eilen wir lautlos hinzu
dich zu sehen und nun
für wenige stunden*

*haben wir wieder
zuversicht geschöpft
und antworten gefunden
auf dem richtigen weg*

*an dessen ende
du wartest
auf uns
...*

Cordelia van Dyke: Stimmen

auf dem weg zu dir (II)

auf dem weg zu dir
der unendlich scheint
suche ich deinen namen
der mich dir vereint

dein bild und deine augen
verraten mir nun
was ich zu wissen glaubte
dein handeln, dein tun

offenbaren mit jeder faser
der augenblicklichkeit
allen strebens, aller mühen
auch die vergänglichkeit

und der moment erstarrt
auf jenem wege; plötzlich
eine träne auf deinen wangen
zärtlich klein und verletzlich

Cordelia van Dyke: Stimmen

*verwundbar warst du niemals
doch einsam und vertraut
scheint das lächeln deiner seele
sucht zu treffen meine haut*

*dein umarmen, deine nähe
lügen nicht, ich weiß es schon
wusste immer, was du verborgen
fern von schmach, von spott, von hohn*

*was uns beide jetzt verbindet
wird im stillen leise zart
bis zu jenem tage, der meinen weg
zu dir begleiten wird, bewahrt*

Cordelia van Dyke: Stimmen

heute (I)

*heute sah ich
dein bild
und dein name
erklang*

*heute sah ich
dein haus
und deine worte
erschienen*

*heute sah ich
dein gesicht
und dein körper
erbebte*

*heute sah ich
deine bücher
und dein wirken
erscholl*

Cordelia van Dyke: Stimmen

wie du es gelehrt
wie du es erkämpft
wie du es erstritten
wie du es vertreten

bei uns
deinen schülern
deinen jüngern

die du nahmst
und entführtest
in die welt
in die zeit
in den raum
in die seele
der liebe
zu den menschen

...
wir werden
dein werk
weitertragen

Cordelia van Dyke: Stimmen

nähe

deine nähe war wunderbar
deine liebe gab mir kraft
deine augen sagten mir
weiche nicht, wir werden siegen

wir haben alles erreicht
was wir wollten
wir haben alles vermocht
was wir sahen

wir haben geliebt und gesiegt
über die zweifel
über den hass
über die gewalt

wir haben es geschafft
dank deiner
und seiner
unendlichen liebe

Cordelia van Dyke: Stimmen

bevor wir uns trafen

es waren welten
die zwischen uns
lagen
und träume
die
mit unserem schicksal
spielten
bevor wir uns trafen

es waren weiten
die wir nie
zu beschreiten
wagten
und sterne
die
unsere seelen
liebkosten
bevor wir uns trafen

Cordelia van Dyke: Stimmen

dein name

sanft und still
ruht dein blick
in meinen augen
legt deine hand
sich auf meine
öffnet dein geist
sich meinem herzen
nimmt meine haut
dein flüstern auf
suche ich deinen
unendlichen
namen

Cordelia van Dyke: Stimmen

meine erinnerung

*ich wärme mich
an der erinnerung
an deiner umarmung und
an deinen gedanken
die mich stützend umgeben
schützend begleiten
sich neben mich betten
damit ich mich wärme
an der erinnerung
an der liebe
deiner augen
deiner haare
und
an dir*

Cordelia van Dyke: Stimmen

unter allen sternen
- auf else lasker-schüler -

unter allen sternen
habe ich dich erwählt
unter allen seelen
liebe ich nur die deine

unter allen träumen
halte ich dich fest
unter allen wünschen
bewahre ich dich auf

unter allen sonnen
lächelst du zu mir
unter allen werken
wird deines unvergessen

du wirst nicht vergehn

Cordelia van Dyke: Stimmen

wir

wir haben alles geschafft
was wir wollten
so vieles erreicht
so bedeutendes erfüllt

wir haben einander
nur angeschaut
um zu wissen dass wir
so ähnlich denken

wir haben gewusst dass es
nicht vergeblich sein würde
sondern die basis für später
für uns beide und die welt

ich weiß nun meine liebe
dass ich alles ablegen kann
was mich früher bedrückte
denn du bist da für mich

wir sind stark
wir werden uns immer
lieben
wir leben
emdlich

Cordelia van Dyke: Stimmen

ich weine

*ich weine
um dich
weil ich es dir
nicht offenbaren kann*

*weil ich mich dir
nicht erklären darf
ohne mich wie
lächerlich darzustellen*

*weil meine nähe mich
zu dir führt
und mein respekt
es mir verbietet*

*weil meine augen dich
suchend ergreifen
und meine hand
sich dir verwehrt*

*weil meine träne
die schwere tinte
die diese worte
schreibt, verflüssigt*

Cordelia van Dyke: Stimmen

weil meine finger
über die tasten eilen
als ob sie dein gesicht
erhaschen wollten

weil meine augen nun
verweint das bild
dieses paradieses
verschwimmen lassen

weil meine stimme
klart wie der frost
der an das fenster
leise klopft

und meine seele
deinen namen
den kostbaren, teuren
in gedanken ruft

Cordelia van Dyke: Stimmen

allein

da stehe ich nun
meine liebe
und denke
nur ein einziges mal
an sie

schon ich weiß
wie sehr
ich mich
doch fassen
muss
nicht zu
entgleiten
entweichen
schwanken
wohin

schon ich fühle
wie sehr
nur das flüstern
schreit
nur das licht
verdunkelt
nur die zeit
verstirbt
einsam
allein
mit mir
allein

Cordelia van Dyke: Stimmen

du

deine augen
wie kristalle
so klar
so verletzlich
so tief
und bezaubernd
so kostbar

dein haar
wie wogendes meer
so voll
so imposant
so berauschend
und unergründlich
so wertvoll

dein geist
wie die welt
so umfassend
so faszinierend
so weit
und frei
so bereichernd

meine liebe
meine sehnsucht
mein leben
mein handeln
mein wirken
meine zukunft

Cordelia van Dyke: Stimmen

nur du

*du fingst mich auf
als ich damals
fast verloren
war nun gefunden
und bin hier
in deinen armen*

*du gabst mir kraft
wieder zu denken
und zu empfinden
im geist von schönheit
beflügelt
durch deine kultur*

*wie ein hauch
auf meiner haut
wie ein atem
auf meiner seele
wie ein zug
von freiheit
aus deinen augen
deinem lieblichen mund*

*der das vergessen macht
was mich verletzte
einst
bevor ich zu dir kam*

Cordelia van Dyke: Stimmen

leben

du hast uns wieder leben
und kraft gegeben
als wir nicht mehr glaubten
an die zukunft der welt
an die schönheit der kultur
an den geist des guten
an die liebe des wahren
an die freude des edlen
und an die menschen

du hast uns wieder leben
und liebe geschenkt
als wir ganz allein
aber ohne zweifel
und ohne furcht
und ohne harm
und ohne hass
und ohne gewalt
und ohne zank

du hast uns wieder leben
und verstand offenbart
dass wir nicht zögern
dass wir nicht weichen
dass wir nicht wanken
dass wir nicht aufgeben
sondern kämpfen werden
für die menschen dieser welt

wir werden es tun, sonst wird niemand aufsteh'n

Cordelia van Dyke: Stimmen

du warst da

du warst da
als ich deiner bedurfte
du warst da
nur für mich allein
du warst da
als ich mich orientierte
du warst da
und fragtest nicht

was ich verloren
vor langer zeit
was ich getan
bevor ich gekommen
was ich empfand
in jener zeit
als alles schwand
nur du warst da

lass mich nicht allein
wenn ich hilfe brauche
lass mich nicht fort
wenn ich gehen will
lass mich nicht vergessen
was wir beschlossen
lass mich nicht vergeben
was uns geschah

Cordelia van Dyke: Stimmen

denn du bist hier
nicht nur für mich
denn du bist hier
uns zu begleiten
denn du bist hier
und wirst nicht weichen
du wirst nicht wanken
wenn andere es wollen

du wirst uns stärken
und unsere augen
für den geist der welt
öffnen und empfindsam machen
du wirst uns schulen
dass wir bewusst und willens
und voller kraft
den weiten weg
der vor uns liegt
beschreiten

Cordelia van Dyke: Stimmen

für ihn

*du weißt nicht
was ich erlebt
du weißt nicht
was ich erduldet
du weißt nicht
wie ich geweint
um dich
liebster*

*du weißt nicht
wer ich war
aber du weißt
wer ich bin
du weißt nicht
wie ich gekämpft
um dich
liebster*

*du weißt nicht
wie viele tränen
und wie viele schmerzen
ich gelitten
um deiner willen
und werde
immer für dich
da sein*

Cordelia van Dyke: Stimmen

aber du weißt es
wusstest damals es schon
wie sehr ich dich liebte
wie wunderbar
als ich selbst noch zweifelte
wie überflüssig

und du weißt es
wirst es immer wissen
dass ich nicht weichen werde
von deiner seite
dass ich dir vertrauen werde
für immer
dass ich dich begleiten werde
bis an das ende der zeit

Cordelia van Dyke: Stimmen

eines tages

*eines tages
wird das
was ich erlebt
zwar nicht vergessen
aber gesühnt werden*

*weil wir alle
gemeinsam
nur zu finden brauchten
den glauben
an die welt*

*eines tages
wird das
was ich erfahren
zwar nicht verloren
aber verziehen werden*

*weil wir alle
allein für uns
nur zu schreiten brauchten
diesen weg
in die zeit*

Cordelia van Dyke: Stimmen

einmal

in deinen armen zu liegen
einmal nur
nur ein einziges mal
wie wunderbar es sein würde
wie ein kostbarer traum

wie ein lächeln würden
deine augen mich gewinnen
und durch dein haar
streifte mein hand
zärtlich wissend

in deinen lippen zu ruhen
einmal nur
nur ein einziges mal
wie überströmend es sein würde
wie wertvolles glück

wie ein sehnen würde
deine haut mit mir verschmelzen
und durch dein gesicht
suchte mein mund
lieblich schauend

Cordelia van Dyke: Stimmen

für einen freund

mein liebster
mein teurer
kostbarer
freund
meine seele
ruft ihren namen
leise
wie einst
da wir standen
an jenem tag
der ihres freundes
gedachte
als meine liebe
zu ihrer seite eilte
und nicht mehr wich
gott beschützt uns
ich freue mich
bald
werden wir uns
wieder sehn
und dann
werde ich sie umarmen
werde ihre wange
an meine wange pressen
und meine hand
wird streifen
durch ihr haar
mein teurer, kostbarer freund

Cordelia van Dyke: Stimmen

halt mich

halt mich
fest
stütze mich
sanft
aber nachhaltig
und
berate mich
lass nicht ab
von mir
lass mich nicht
allein
ich bedarf
deiner

ich bin fast
hilflos
ohne dein wirken
ohne deine kraft
die du mir stets
verliehen
bin allein
bin ganz verloren
reich deine hand

und hilf mir weiter
ich kann nicht mehr

Cordelia van Dyke: Stimmen

heute (II)

*was ich heute
einmal nur
gedacht
meine liebe
als ich allein
durch die straßen
fuhr*

*was ich wieder
immer wieder
gespürt
meine liebe
als ich einsam
durch die nacht
geschritten*

*was ich heute
jede stunde
empfunden
meine liebe
als ich mit ihnen
ganz für mich
in den gedanken
spazierte*

Cordelia van Dyke: Stimmen

*war die kraft
und die nähe
und die zärtlichkeit
ihrer augen
ihre worte
und ihre hände
in den meinen ruhend*

*und unsere blicke
wollten einfach nur
verweilen
auf der haut des andern*

*und unsere stimmen
erstarben lautlos
als unsere lippen
dürstend tasten*

*und unsere körper
nahtlos greifend
die begegnung der augen
in jener zeit*

*warum sind sie so fern
warum darf ich ihnen nicht
gesteh'n
meine liebe*

Cordelia van Dyke: Stimmen

der letzte tag

ich kann dich nicht
aus meinem herzen
reißen
ich darf dich nicht
aus meinem geiste
reden
ich habe nur
das recht
das privileg
schweigend
gedanken
versunken
dich zu schätzen
ich darf
die grenzen
nicht überschreiten
niemals

es wäre
der letzte tag
meines
aufenthaltes
und auch deiner
warum, warum nur
warum
warum

Cordelia van Dyke: Stimmen

ich suche

ich suche deinen namen
dein gesicht
dein haar
und deine augen
die traurigen

ich rufe deine nähe
deine arme
deine gestalt
deine lippen
die flüstern

ich bitte deinen geist
deine kultur
deine worte
und deine sehnsucht
die mich treibt

Cordelia van Dyke: Stimmen

ich weiß es

*ich weiß
es darf
nicht sein
und wird
niemals
zerstören
was wir beide
geschaffen
bewahrt
gehütet
allein*

*ich weiß
es kann
nur freundschaft
bleiben
und nähe
verständnis
vertrauen
zuversicht
hoffnung
auf mehr
auf dich
liebste*

Cordelia van Dyke: Stimmen

wenn sie bei uns sind

*wenn sie kommen
wird die welt lächeln
und die sonne tanzen
und die menschen werden
mut finden
aufzustehn*

*wenn sie sprechen
wird die welt inne halten
und die sterne flüstern
und die berge werden
sich an den händen fassen
zum reigen*

*wenn sie schreiten
wird die welt eilen
und der himmel plaudern
und die tiere werden
sprechen
über den tag*

*da sie kommen werden
und uns wieder kraft geben
und uns ermutigen
da sie da sind
an jenem wunderbaren
einzigartigen
tag*

Cordelia van Dyke: Stimmen

heute nacht

*nur dies gespräch
heute nacht
war
als zärtlichkeit
zwischen uns
zugelassen*

*nun endlich
endlich
sind sie befreit
von jenen sorgen
die uns
gemeinsam
scheinbar entzweit
und doch gestärkt
gefestigt
haben*

*da wir beide heute
für einen traum vereint
und wann wir nun
den andern fragend*

Cordelia van Dyke: Stimmen

wie dürfen wir
dies nun gestehn
was wird geschehn
und was getan
damit der
augenblick bewahrt
nur der moment
ist schon vorüber
noch ehe er
gestohlen war
der zeit
von der wir sagen
dass sie lächelnd
und sanft und ohne
zaudern spricht

Cordelia van Dyke: Stimmen

ich weiß es nun

ich weiß es nun
dass wir uns
einst
begegnen
werden
und an diesem
tage
wird mein geist
sanft, leise
zu den
ihren eilen

ich weiß es nun
dass wir uns
einst
umfassen
werden
und an diesem
tage
werde ich
mein herz
von allen sorgen
befrei´n

Cordelia van Dyke: Stimmen

ich weiß es nun
dass wir uns
einst
vereinen
werden
und für diesen
tag noch
lebe ich
hoffe ich
bete ich

in stillem gedenken
an sie

Cordelia van Dyke: Stimmen

wo du bist

deine augen
bezaubernd
dein lächeln
ergreifend
dein gesicht
tröstend
deine hand
stärkend

mich stützend
dein gesang
mich beflügelnd
dein bildnis
mich bewegend
deine worte
mich mitreißend
dein tanz

wo bist du nur
wo bist du
wo nur
wo

Cordelia van Dyke: Stimmen

wie wir sind

wie kostbares verlangen
wie ein hauch von glück
wie ein berühren der sehnsucht
wie einzigartige nähe

sucht mein gesicht deinen blick
umfasst meine hand die deine
verschmelzen unsere augen
aneinander geheftet

nur für einen moment
nur für einen winzigen augenblick

sind wir allein
sind wir geborgen
sind nicht gefangen
sondern frei
und gleich
und sicher

Cordelia van Dyke: Stimmen

die eine zeit

es gab eine zeit
da wir wandelten
da wir schritten
leicht und unwissend
umher durch die zeit

es gab eine zeit
da wir erkannten
da wir erfühlten
bedrückt und sehend
gebunden an den ort

es kommt eine zeit
da wir frei sein werden
da wir eins sein werden
die menschen liebend
frei und gleich und sicher

wir werden sie erkämpfen
für uns
und die menschen

für dich
und mich